LES ADIEUX

DE LA REINE,

A

SES MIGNONS ET MIGNONES.

. . . . Il est donc des forfaits
Que le couroux des Dieux ne pardonne jamais.

GRAND Dieu! qui du haut de ton trône céleste regarde avec un œil indulgent les crimes de tes enfans rébels; toi dont le fils mourut pour nos péchés, & qui ne pouvant revenir sur la terre, me sacrifie à sa place pour racheter une troisième fois, les fautes de mon peuple ingrat & coupable envers lui. Toi dont l'esprit saint & juste ne gouverne pas l'assemblée dite nationale, qui exerce avec celui de ses démons opiniâtres,

A

les ravages des loix par leurs profanes décrets,
qui renverfent ta religion, tes temples & tes autels : non contens envahissent encore mes pro-
priétés, par des avantages qu'ils s'impofent.

C'eft avec une foumiffion jufte & une con-
fiance falutaire, que j'adresse mes vœux vers toi,
pour être vengé après ma mort. Je te laisse fe
foin précieux, & fans aucunes fuperftitions fri-
voles, je quittes la terre avec douleur pour mes
enfans, c'eft-à-dire pour ceux qui me chérissent,
mais fans aucuns regrets pour mes fujets.

Dieu ! avant que mon ame ne foit enveloppé
dans les ténébres profondes de la mort, permets
que pour la dernière fois je retraces à ma foible
penfée, les fouvenirs de mes délicieufes années.

O Trianon ! féjour autrefois fi cher à mon
cœur, qu'ai-je fait pour qu'on m'arrache à tes
appas féduifans ! luxe enchanteur, jardin délicieux !
qu'eft-tu devenu depuis ma cruelle captivité ?
mes yeux tout prets à fe fermer, ne feront plus
ravis par la fraicheur de ta verdure, enrichie des
dons de Flore, tes bofquets fleuris & couverts de
feuillage épais, ne retentiront plus de mes tendres
foupirs, & mon cœur n'y goûtera plus ces inftans

heureux , enveloppés fous le voile du miftère ;
les jeux & les ris, enfans du plaifirs , ne préfide-
ront plus à tes enchantemens en ma préfence ,
tes échots ne mêleront plus à ma voix les gafouille-
ments des oifeaux , & les variations dont des
nimphes féduifantes charmoient mon ame ennivré
par leurs concerts délicieux.

Hélas ! J'étois heureufe , & je goûtai dans ton
enceinte des douceurs divines , capables de ravir
les cœurs les plus indifférens; tantôt feule & me
promenant fur tes gazons toujours verds , émaillés
de fleurs, arrofés par un ruisseau fillonant, dont
l'eau plus pure que le criftal , raffraichissois les
zéphirs , & répandoit dans toute la nature qui
l'environne, une faveur enchanteresse qui feroit
fortir du fein de la terre, des fleurs dont l'odeur
embaumoit l'air que j'y refpirois.

Tantôt portant mes pas dans ces profondes
retraites , où le murmure d'une cafcade invitoit
au doux repos dont l'aimable volupté me faifoit
à chaque inftant l'hommage. Là , je m'étendois
fur ces fophas de mousse dont les apprets heureux, & les contours arrondis invitent à partagér
avec une aimable compagne , les attouchemens

A 1

chatouilleux qui égarent l'ame , & plongent les sens dans un délire divin.

Combien de fois Priape a-t-il maudit ces infans de bonheur , mais combien de fois lui ai-je offert de facrifices : & avec quelle abondance ai-je verfé fur fes autels , la précieufe liqueur qui éjacule de fes veines amoureufes.

C'eft toi qui fut tant de fois auffi le témoin de ces repas brillans , ces foupers enchanteurs , où tout fe réuniffoit pour fatisfaire mon cœur , & ne lui rien laiffé à défirer.

C'eft toi qui retentit fi fouvent des doux accords d'une harmonie joyeufe , ou des ames jaloufes de prévenir mes plaifirs , danfoient à leurs fons mélodieux.

C'eft toi qui vit tour-à-tour les deux aftres brillans fixer fur l'orifon de tes plaines ondoyantes, l'ombre qui marche fur mes pas. Le foleil ne pouvant arrêter fa courfe rapide , jaloux & honteux de fon déclin précipité , fe retirait confus dans le fond de la mer , & laiffoit à la lune le foin d'éclairer tes charmes naiffants.

O nuits de douceurs ! vous qui faites tant d'heureux , vous les beaux jours des amans : vous qui avez fi fouvent enveloppé mon ame dans vos myftérieux plaifirs , hélas ! vous n'êtes plus, votre régne eft à mon cœur ce qu'eft celui de mon trône. Ils sont tous deux plongés dans l'oubli , d'où ils ne fortiront que pour être en horreur aux humains.

Polignac , Lamotte , d'Oliva , Sophrofie , d'Arcourt , Fromenville , Julie , Bonnemont , &c. où êtes-vous ? qu'êtes-vous devenues depuis ma cruelle chûte ? qu'elle eft cette ingratitude qui vous a forcé de m'abandonner dans mes malheurs ? Pourquoi fuyez vous loin de moi ? Ignorez-vous que votre fincère amie Antoinette va terminer fa carrière , jadis fi brillante & fi heureuse ? Hélas ! vous ne reverrez plus celle que vos doigts légers ont mille fois fait expirer dans une léthargie bien heureuse , & que vos tendres soins rappelloient à la vie par des flots de délices.

Reviens charmant d'Artois , prince vraiment aimable & délicieux , mêmes jusques dans tes incapacités viriles. Toi qui après avoir fi souvent plongé dans mon cœur amoureux par cent vigoureuses secousses , ta fléche enflammée , dont les deux frottemens confondoient nos tendres soupirs, & ennivroit nos ames dans un délire divin. Hélas ! tes forces ne seront plus remplacés par ta langue agile, qui d'un mouvement prompt & délicat, chatouilloit les fibres sensibles dont les attouchemens nous égaroient dans la route du bonheur. Je vais mourir pour la dernière fois.

O délicieux Coigny, toi qui as si bien satisfait mes desirs brûlans par tes manières raffinées dans une ivresse infatiguable, tu n'es pas sûrement insensible à ma cruelle destinée.

O Rohan, cardinal vigoureux, hercule de ma passion brûlante et féroce, ta veine brutale, incomparable à celle de Priape, n'inondera plus mes appas dans les flots écumans de son nectar divin, tu n'épuiseras plus ton existence pour satisfaire mon cœur. Je me meurs en te regrettant.

Et toi pauvre Calonne, toi dont les plaisirs sont émoussés par le tems, ton amie ne te donnera plus désormais les marques de sa reconnoissance en échange de tes intrigues financières, qui m'évitoient d'agir de ruse pour étancher dans mon cœur la soif de l'or.

Adieu pauvre la Fayette, tu n'auras plus l'espoir d'un bonheur si grand, il faut te contenter d'avoir pressé cette main blanche & potelée, à la place où devroit être ton cœur.

O charmes de ma vie! vous posséder étoit un crime aux yeux d'un peuple qui loin d'être soumis, semble vouloir encore augmenter mes peines, d'un peuple que j'abhore, qui s'est justement attiré mon implacable haine, et que tôt ou tard je punirai de sa témérité. Adieu tout mes plaisirs. Adieu chasse. Adieu forêts immenses que j'ai tant parcourues, que les échots de vers collines répètent mes malheurs à toute la France, qu'ils vous apprenent que c'est ce peuple farouche qui m'a lui - même arraché de votre enceinte agréable, pour me conduire en captive dans un palais lugubre, entouré par le crime.

Enfin, toi, époux chéri, tu n'auras plus le bonheur de verser à ton épouse adorable, le nectar divin de bacchus, elle ne te forcera plus à laisser ta raison au fond de la bienheureuse bouteille, elle ne prendra plus des forces avec toi, pour aller les perdres ailleurs; elle ne surprendra plus ta franchise; enfin, ton front en-

durera désormais les lauriers qui lui sont des-
tinés.

*Ce manuscrit fut réellement trouvé dans la
gallerie de Saint-Cloud , & j'ai cru prouver mon
civisme en le faisant imprimer.*

BERNELOT , *Garde national.*

De l'Imprimerie des Patriotes.